AF495128

LE COMPAGNON
D'INFORTUNE,
OU
LES PRISONNIERS,

COMÉDIE-VAUDEVILLE EN UN ACTE ET EN PROSE,

DE MM. THÉAULON ET ARAGO, (Jacques)

REPRÉSENTÉE, POUR LA PREMIÈRE FOIS, A PARIS, SUR LE THÉATRE DES VARIÉTÉS, LE 19 JANVIER 1825.

PRIX : 1 FR. 50 CENT.

PARIS,

Chez DUVERNOIS, libraire, cour des Fontaines, n° 4, et Passage de Henri IV, n°s 10, 12 et 14.
SÉTIER, libraire, cour des Fontaines, n° 7.

1825.

PERSONNAGES. ACTEURS.

PERSONNAGES.	ACTEURS.
DUPRÉ, riche armateur.	M. Bosquier.
ERNEST, } ses neveux	M. Vernet.
JULES, } ses neveux	M. Victor.
AMÉLIE DE SÉNANGE, jeune veuve.	Mlle Félicie.
TROISTOURS, guichetier.	M. Odry.

La scène est à Sainte-Pélagie.

Les exemplaires non revêtus de la signature de l'auteur seront réputés contrefaits.

LE COMPAGNON

D'INFORTUNE,

COMÉDIE EN UN ACTE ET EN PROSE, MÊLÉE DE COUPLETS.

Le théâtre représente une vaste chambre lambrissée, à gauche de l'acteur est un chevalet sur lequel est placé un portrait de femme; une grande boîte à couleurs, et tout ce qu'il faut pour peindre, sont auprès; à droite est une table sur laquelle on voit des livres, divers papiers, de l'encre et des plumes; un grand fauteuil roulant se trouve à côté. Plusieurs chaises sont çà et là. Au fond est une fenêtre grillée. La porte, en face de l'acteur, un peu vers le fond.

SCÈNE PREMIÈRE.

ERNEST *peint*, JULES *écrit.*

ERNEST.

Eh bien! Jules, et ta satire contre les usuriers, avance-t-elle?

JULES.

Oh! je suis en verve... l'indignation m'entraîne!... Et ton portrait, Ernest?...

ERNEST.

Si ma jolie veuve me donne séance aujourd'hui, comme elle me l'a promis, j'espère qu'il sera terminé ce soir, et que demain je pourrai l'expédier pour Bordeaux.

JULES.

Et tu crois qu'en voyant cette jolie figure, notre cher oncle s'attendrira?

ERNEST.

Il faudrait qu'il eût un cœur de bronze!... dis-moi, mon cher Jules, connais-tu plus de grâce, plus de candeur?...

JULES *écrivant.*

Il est sûr que pour une veuve...

ERNEST.

Toujours des plaisanteries... As-tu jamais vu une figure plus belle, une taille plus séduisante, et n'excuses-tu pas, ou plutôt n'approuves-tu pas tout l'amour que j'ai pour elle?

JULES.

Oui, sans doute!... moi qui la connais, je te pardonne; mais notre oncle, quel intérêt veux-tu qu'il porte à une noble passion, qu'il appelle sans doute une folie?... Qu'attendre nous-mêmes d'un homme qui ne nous a jamais vus?... Quand il partit pour l'Amérique, nous étions en bas âge; depuis un an qu'il est de retour, il n'a pas quitté Bordeaux, et nous habitons Paris.

ERNEST.

Ne nous a-t-il pas fait passer l'argent nécessaire à nos études?... Si tu n'es pas encore médecin, ce n'est pas sa faute; il t'avait envoyé de quoi payer richement ton diplôme.

JULES.

Par la même raison, si tu n'es pas avocat, ce n'est pas à lui qu'il faut s'en prendre.

ERNEST.

Tiens, franchement, mon cher Jules, le barreau est une belle carrière à parcourir; mais cet état ne me séduit plus: il y a trop de concurrens.

Air: *Vaudeville du Mariage à la hussarde.*

A peine échappés de l'école,
Tous nos jeunes gens d'aujourd'hui,
Voudraient, disciples de Barthole,
A l'opprimé servir d'appui.
Pour fournir à tant d'éloquence
Nous sommes trop civilisés,
Et l'on trouve bien plus en France
De défenseurs que d'accusés.

JULES.

Quant à la profession de médecin, elle a bien son agrément.

Même air.

L'avocat, en perdant la cause
Qu'il défendit avec talent,
Tu le sais, quelquefois s'expose
Aux reproches de son client.
Le médecin perd-il la sienne,
(Toute science peut broncher),
Il ne craint guère qu'on revienne
Exprès pour le lui reprocher!

ERNEST, *travaillant.*

Il est certain que vous prenez assez de précautions pour cela;... mais, enfin, si notre oncle ne vient à notre secours, où trouver les 15,000 f. pour lesquels nous sommes ici?

JULES.

Je t'avoue, mon cher Ernest, que son silence m'afflige et m'étonne... C'est ton amour pour Mme. de Sénange qui l'aura indisposé contre nous.

ERNEST.

Si cela était, t'aurait-il fait porter le poids de mes iniquités?

JULES.

J'aime mieux alors qu'il suppose que je l'aime aussi...

ERNEST.

Je te remercie; mais fais en sorte que ce soit toujours une supposition.

JULES, *riant.*

Si tu es jaloux, je te plains doublement d'être en prison!... J'entends quelqu'un... c'est notre guichetier, l'aimable M. Troistours.

ERNEST.

L'importun!... on ne peut jamais être seul, même en prison.

SCÈNE II.

Les précédens, TROISTOURS.

ERNEST.

Quel sujet vous amène donc si matin, M. Troistours?

TROISTOURS.

Messieurs, c'est un petit inconvénient qui se présente : je suis poli, moi; je fais tout ce qu'on veut moyennant des procédés.

ERNEST.

Et de l'argent.

TROISTOURS.

C'est tout un!... les procédés pour un guichetier, c'est ça... (*Il fait le geste de compter de l'argent.*)

JULES.

Eh bien! n'êtes-vous pas content? .. depuis deux mois que nous sommes ici, nous vous avons donné de quoi délivrer quatre pauvres prisonniers.

TROISTOURS.

Messieurs,... ce n'est pas pour vous démentir, je suis poli, moi;... mais vous vous trompez .. Du reste, mes chers locataires, je viens vous prévenir que, vu le nombre de voyageurs qui débarquent dans ce pays, je me vois forcé de vous donner un camarade de chambre.

JULES.

Comment!

ERNEST.

Quoi! M. Troistours, malgré nos conventions?

TROISTOURS.

Que voulez-vous! je n'ai plus de local, et, pour l'amour de vous, je ne peux pas mettre le nouveau prisonnier à la porte.

JULES.

Il en serait peut-être encore plus enchanté que nous.

TROISTOURS.

C'est possible! mais il faut que j'aie des égards pour lui

aussi :... c'est mon état d'en avoir pour tout le monde, parce que je suis poli, moi... J'ai décidé que vous vous gêneriez un peu pour cet étranger.

JULES.

Un étranger! comme si tout le monde ne l'était pas ici.

TROISTOURS.

Oh! nous avons les habitués :... une foule d'aimables étourdis comme vous, qui reviennent tous les quinze jours ;... par exemple, quand vous reviendrez...

ERNEST.

Quand nous reviendrons! Ah! si nous sortons jamais ;... mais enfin quel est donc cet étranger?

TROISTOURS.

Un petit vieillard bien vert, bien malin et bien gai ; il vous amusera, j'en suis sûr ;... il est encore au greffe où il fait déjà pouffer de rire tous nos Messieurs ; et pourtant ils ont diablement d'esprit au greffe de Sainte-Pélagie.

JULES.

Il croit peut-être que nous allons écouter ses sornettes!... (*Apercevant madame de Sénange.*) Mais, que vois-je!... Ernest, tiens, cela te regarde.

ERNEST, *remontant la scène.*

Madame de Sénange!... (*Il vient près de Troistours.*) Monsieur Troistours, s'il vous était égal de laisser vos prisonniers libres un instant.

TROISTOURS.

C'est juste! je suis poli, moi, et je m'en va...

JULES.

C'est la première fois qu'il a dit vrai.

TROISTOURS.

Je m'en va revenir... avec votre nouveau camarade.

(*Il sort.*)

SCÈNE III.

ERNEST, Mme de SÉNANGE, JULES.

Mme DE SÉNANGE.

Bonjour, mes aimables hermites.

JULES.

Quel cœur charitable! venir ainsi visiter de pauvres prisonniers !

ERNEST, *bas à Jules.*

Jules, est-ce que tu n'as pas fini ton épître? *(Haut.)* Ma chère Amélie, nous apportez-vous quelqu'heureuse nouvelle?... avez-vous enfin reçu une lettre de Bordeaux?

Mme DE SÉNANGE.

Aucune; et votre oncle s'obstine à garder le silence.

ERNEST.

Je ne conçois rien à tant de rigueur;... lui dont l'âme est si généreuse!... lui dont toutes les lettres semblent écrites de la main d'un tendre père!

Mme DE SÉNANGE.

Quelqu'un vous aura peut-être desservi auprès de lui.

ERNEST.

Oui, on lui aura dit que nous étions deux étourdis.

Mme DE SÉNANGE, *riant.*

Quelle calomnie !

JULES.

Que nous avions des dettes.

Mme DE SÉNANGE, *sur le même ton.*

Comme on l'aura trompé!

ERNEST.

Ah! si notre créancier avait seulement voulu nous permettre d'aller à Bordeaux solliciter les bontés de ce cher oncle.

Mme DE SÉNANGE.

Eh bien! mes amis, soyez satisfaits: cette idée, dont vous m'avez parlé hier, m'a frappée. Je suis allée trouver votre créancier, et il a consenti à ce que l'un de vous se rendit à Bordeaux pour aller se jeter aux pieds de votre oncle: voici sa main-levée, le nom de l'ambassadeur est encore en blanc; c'est à vous à décider quel est celui qui partira.

JULES, *vivement*.

C'est Ernest!

ERNEST, *de même*.

C'est Jules!

JULES.

Tu es avocat, tu plaideras mieux notre cause.

ERNEST.

Tu es médecin, le cher oncle est vieux, il craindra de te refuser.

JULES.

Je ne te laisserai point seul dans cette prison.

ERNEST.

Ni moi non plus.

M.me DE SÉNANGE.

Eh bien! êtes-vous fous?

ERNEST et JULES, *ensemble*.

Air: *C'est moi! c'est moi!* (Des Aides de camp.)

C'est lui qui va partir!
Et je l'invite
A sortir
Vite.
C'est lui qui va partir,
Il doit y consentir!

ERNEST.

Ces lieux doivent me plaire,
Puisqu'elle vient m'y voir.

JULES.

De l'amitié sincère
Je connais le devoir.

JULES et ERNEST, *ensemble*.

C'est lui qui doit partir, etc.

M.me DE SÉNANGE.

Quelle est cette folie!
Au lieu de se hâter,

A Sainte-Pélagie
Chacun prétend rester.
Ensemble.
C'est lui qui va partir, etc.

M.me DE SÉNANGE.

Mais songez, mes amis...

ERNEST.

Non, Madame, non; et si notre créancier n'a pas assez de confiance dans notre parole pour nous laisser partir tous les deux, (*déchirant l'écrit*) il attendra que notre oncle ait daigné songer à nous.

JULES.

Ce que vient de faire mon cousin, mon cœur l'approuve, et nous restons.

ERNEST, *lui serrant la main.*

Oui, nous restons.

Mme. DE SÉNANGE.

Mon ami, c'est un beau trait, sans doute: cependant si vous aviez voulu réfléchir...

ERNEST.

N'en parlons plus, chère Amélie et continuons votre portrait.

M.me DE SÉNANGE.

Non, je ne puis à présent; je n'étais venue que pour vous apporter cet écrit, c'est aujourd'hui que l'on juge mon procès, et...

ERNEST.

Ah! que ne suis-je avocat afin de plaider pour vous!

JULES.

Que ne suis-je le médecin de votre partie adverse!

ERNEST.

Quels beaux mouvemens d'éloquence vous m'inspireriez!

JULES.

Quelle fièvre je lui donnerais.

Mme. DE SÉNANGE, *riant.*

Mes amis, je vous remercie; je viendrai vous revoir après l'audience, et si le sort veut me seconder...

JULES.

C'est-à-dire, si la justice veut être juste.

ERNEST.

Est-ce que vous auriez quelque crainte ?

Mme. DE SÉNANGE.

Je ne sais;... je plaide contre des gens si riches...

ERNEST.

Oui, des gens riches qui vous disputent le modeste héritage de votre époux.

JULES.

C'est toujours comme cela : plus on est riche, plus on veut l'être.

Mme. DE SÉNANGE.

Mais l'heure approche,... adieu, mes amis.

Air : *Vaudeville des Femmes volantes.*

Du courage,
Car je gage
Que vos peines finiront!
Les portes de votre cage
Avant un mois s'ouvriront.

ERNEST.

Près de vous jamais de peines!
Votre touchante amitié,
Afin d'alléger nos chaînes,
Vient en porter la moitié.

Ensemble.

Mme. DE SÉNANGE.

Du courage,
Doux présage!
Oui, vos peines finiront.
Les portes de votre cage
Avant un mois s'ouvriront!

JULES et ERNEST.

Du courage,
Doux présage!
Oui, nos peines finiront.
Les portes de notre cage
Avant un mois s'ouvriront!

(*Mme. de Sénange sort.*)

SCÈNE IV.

ERNEST, JULES.

ERNEST.

Chère et douce Amélie !

JULES.

L'aimable femme que nous allons avoir...

ERNEST, *vivement.*

Heim ! que dis-tu ? je t'y prends encore. Jules, plus de ces plaisanteries ou je me fâcherai sérieusement !

JULES.

Tu ne me laisses pas finir ;... je voulais dire, l'aimable femme que nous allons avoir dans notre famille !

ERNEST.

Allons, c'est assez travailler :.., descendons au jardin ; tu me liras ta satire.

JULES.

Je ne la crois pas mauvaise... (*On entend parler en dehors.*) mais qu'entends-je ?..

TROISTOURS, *en dehors.*

Par ici, Monsieur, par ici.

ERNEST.

C'est notre compagnon que ce damné de guichetier nous amène.

JULES.

Parbleu, je suis curieux de voir sa figure.

SCÈNE V.

Les mêmes, DUPRÉ, TROISTOURS.

TROISTOURS.

Voici votre logement, et vos camarades de chambre.

DUPRÉ.

Merci, merci! Messieurs, enchanté de faire connaissance avec des jeunes gens qu'on m'a dit être fort distingués sous plus d'un rapport... Je vous demande bien pardon, si je vous dérange un peu;... mais à la guerre, comme à la guerre!... Je ne suis pas ici pour long-temps d'ailleurs,... et cinq ans, c'est bientôt passé... Pardonnez si j'en agis sans cérémonie. (*A part.*) Avec des figures comme celles-là, on doit faire des dettes... nécessairement.

ERNEST, *à part.*

Allons, c'est un bavard insupportable; je vois cela du premier coup d'œil;... maudit guichetier!

DUPRÉ, *au guichetier.*

Que me disiez-vous donc, brave homme? Mais elle est très-jolie notre chambre!... elle est surtout très-grande, et je pourrai recevoir à mon aise... tous mes amis.

TROISTOURS.

Oui, tous vos amis... qui auront une permission, je suis poli, moi!... mais...

JULES.

Tous ses amis!... Monsieur, monsieur, les amis se reçoivent au parloir.

DUPRÉ.

Non pas les amis!... les créanciers;... mais les intimes!... je les reçois toujours dans ma chambre à coucher; c'est ma méthode,... ne vous gênez pas, faites-en autant.

ERNEST, *à part.*

Cet homme va nous faire mourir d'ennui, ici.

DUPRÉ, *offrant du tabac aux jeunes gens.*

En usez-vous, Messieurs?

JULES et ERNEST.

Jamais, Monsieur.

TROISTOURS, *en prenant.*

Merci... Oh! c'est du fameux!

DUPRÉ, *à Troistours.*

Vous trouvez?... (*Aux jeunes gens.*) Parbleu, je ne suis pas fâché que l'on m'ait logé avec vous, vous m'avez l'air de bons vivans... Messieurs, disposez de moi... pour votre partie,... quand j'aurai fait ma méridienne, bien entendu!.. Je joue tous les jeux d'abord... Le piquet, le boston, le mariage, le jeu de l'oie et le domino... Oh! le domino surtout;... c'est là que je brille!

ERNEST, *avec humeur.*

Nous ne jouons que l'écarté.

TROISTOURS.

Ah! oui, ce jeu de bonne compagnie, où l'on dit : si Monsieur veut,... et où l'autre répond : allez votre train.

DUPRÉ.

C'est cela même... Oh! pour ce jeu-là vous le jouerez tous seuls!... Ah! quel jeu!... et pourtant il n'est pas difficile.

Air : *Ma commère quand je danse.*

On écarte
Mainte carte,
Pour avoir un jeu meilleur;
Puis on marque
Le monarque;
Puis on parle au parieur;
Puis, prenant l'or amoncélé,
On dit à son adversaire :
Frère,
Vous êtes volé!
Et voilà ce qu'on appelle l'écarté.

JULES, *bas à Ernest.*

Ce ne peut pas être un homme comme il faut : il médit de l'écarté. (*Les jeunes gens se disposent à sortir.*)

DUPRÉ.

Est-ce que vous sortez, Messieurs?

JULES.

Oh! nous n'allons pas loin.

ERNEST.

Au jardin seulement.

TROISTOURS.

Parbleu, je leur déférais bien d'aller plus loin. Je suis poli, moi;... mais je m'appelle Troistours.

DUPRÉ.

Diable! j'en suis fâché; vous m'auriez aidé à faire connaissance avec le local; mais il est vrai que je ferai bien sans vous le tour de notre chambre Guichetier, s'il me vient des visites, faites monter;... je n'aime pas à rester seul; (*bas*) voici pour votre peine. (*Il lui donne de l'argent.*)

TROISTOURS, *comptant l'argent.*

A la bonne heure,... cinq,... c'est-à-dire pour mon plaisir... Dix,... je les conduirai moi-même... Quinze,... je suis poli moi... Vingt francs,... diantre cet homme doit être un prisonnier conséquent.

ERNEST, *bas à Jules.*

Je ne sais pas pourquoi, mais la figure de cet homme me revient assez... Adieu, Monsieur.

DUPRÉ.

Au revoir, mes jeunes camarades...

JULES, *en sortant.*

Il est familier notre compagnon d'infortune.

(*Ils sortent.*)

TROISTOURS.

Au plaisir, Monsieur... Ah! votre nom, s'il vous plaît.

DUPRÉ.

Allez le demander au Greffe.

TROISTOURS.

C'est vrai, ce sera plus tôt fait. (*Il sort.*)

SCÈNE VI.

DUPRÉ, *seul.*

Ah! me voici donc installé,... et j'ai fait presque connaissance avec mes neveux... Deux jeunes gens charmans, ma foi!... Je croyais revoir mes pauvres sœurs, Adélaïde et Julie... J'étais ému, attendri, et, si j'avais écouté les mouvemens de mon cœur... Il leur faut une leçon; ils l'auront,... et moi, il me faut une épreuve; je l'aurai... Ernest et Jules sont deux étourdis; c'est fort bien, c'est de leur âge; mais, si les rapports que j'ai reçus sur leur compte étaient vrais ; s'ils joignaient à la frivolité de leur âge cette dépravation :... cinq ans de prison !... ce n'est pas trop pour corriger un mauvais cœur.... Je suis bien aise, d'ailleurs, de savoir ce qu'ils pensent d'un parent qu'ils n'ont jamais vu,... d'un oncle arrivé tout exprès de l'Amérique pour les enrichir, et auquel ils n'ont pas encore daigné rendre visite... Quand ils auraient fait le voyage de Bordeaux,... il me semble,... d'autant plus que c'est toujours moi qui paye ;... mais monsieur Ernest est amoureux, dit-on ; M. Jules l'est probablement aussi, et avec les amoureux, les oncles ont toujours tort... Nous verrons aussi cette belle veuve dont on m'a dit tant de bien et tant de mal :... c'est sans doute quelqu'une de ces femmes comme on en voit tant à Paris, comme on en voit tant en province ; il y en a même en Amérique !... Sous ce modeste incognito, je pourrai tout voir et tout entendre... Qui diable soupçonnerait le plus riche armateur de Bordeaux à Sainte-Pélagie ?... On m'a pourtant dit qu'on y voit des gens riches,... par exemple, je ne conçois pas leur plaisir !

Air de M. Blanchard.

Si la fortune a des attraits,
C'est que l'on peut, au gré de son envie,
Avec de l'or, sans gêne et sans regrets,
Acheter les biens de la vie.
Pour moi, de ce lieu redouté,
Fuyant la contrainte importune,
Je donnerais mon or tant convoité,
Pour acheter ma liberte ;...
Elle vaut mieux que la fortune !

Ils ne reviennent pas ! j'ai fait tout exprès le voyage de Bordeaux pour me faire mettre en prison, afin de voir mes neveux, et les drôles trouveront le moyen de ne pas être un seul instant avec moi... Heureusement que nous sommes de chambrée, et que je pourrai... Quelqu'un vient par là ;... eh ! c'est l'un de nos deux étourdis :... reprenons mon rôle d'observateur.

SCÈNE VII.

DUPRÉ, ERNEST.

ERNEST, *à part.*

Amélie peut venir d'un moment à l'autre, et ce diable d'homme ne sort pas.

DUPRÉ, *à part d'un air satisfait.*

Joli garçon !

ERNEST, *s'approche.*

Eh bien ! mon vieux, est-ce que vous n'allez pas profiter des rayons du soleil ? le jardin est ouvert.

DUPRÉ.

Je n'aime pas la campagne quand je suis en prison !... et avec votre permission je reste chez moi.

ERNEST, *à part.*

Chez lui (*Haut.*) Si vous vouliez bien dire, chez nous.

DUPRÉ.

Chez moi, chez vous; comme vous voudrez : la propriété n'est pas assez belle pour se la disputer.

ERNEST.

Soit, mais elle me plaît assez à présent.

Air . *Du vaudeville de l'Étude.*

Le premier jour où mon cerbère
Eut sur moi tiré les verroux,
Je l'avouerai, mon cher confrère,
Je n'étais pas si gai que vous.
Mais bientôt, changeant de figure,
Je vis ces lieux sans nul effroi;
Aussi maintenant, je vous jure,
Je suis ici comme chez moi.

DUPRÉ.

Eh bien ! moi, je vous avoue que je suis comme chez les autres,... c'est-à-dire, très à la gêne...

ERNEST.

A la gêne ! Un salon vaste, qui sert à la vérité de bibliothèque et de boudoir :... mais le jardin ! quel ombrage délicieux

DUPRÉ.

Oui, occasionné par de hautes murailles.

ERNEST.

Et ces deux larges allées.

DUPRÉ.

Il n'y a que deux arbres.

ERNEST.

Et cette foule,.. ce mouvement!

DUPRÉ.

Beau mouvement! belle foule! toujours les mêmes figures; et quelles figures? encore sans compter celle du guichetier.

ERNEST.

Mais enfin, mon camarade, vous n'êtes pas ici à perpétuité?

DUPRÉ.

Oh! non; et quand mes cinq ans seront expirés, j'espère bien ne plus faire de lettre de change.

ERNEST.

Vous devez donc une forte somme?

DUPRÉ.

Hélas!

ERNEST.

Quoi! pas d'espoir de l'acquitter?

DUPRÉ.

Impossible!

ERNEST.

A combien se monte-t-elle?

DUPRÉ.

Je n'ose vous le dire.

ERNEST.

Mais encore?

DUPRÉ.

A cent un francs, Monsieur; à cent un francs; ce qui fait qu'avec les frais, je suis enfermé pour cent écus.

ERNEST, *se récriant.*

Cent écus! et l'on nous a mis dans la société de cet homme!

DUPRÉ.

Air : *Il me faut donc quitter l'empire.*

Jamais de payer cette somme
Je ne trouverai le moyen;
Je suis un parfait honnête homme :
Oui, mais, hélas! je ne possède rien! (*bis*)
Ah! plaignez-moi!...

ERNEST.

Qu'avez-vous donc à craindre?
A votre sort il faut bien vous plier : (*bis*)
Quelqu'un, vraiment, me semble plus à plaindre.

DUPRÉ.

Qui donc, Monsieur?

ERNEST.

C'est votre créancier!

DUPRÉ.

Comment l'entendez-vous?

ERNEST.

Eh! parbleu, il va dépenser, pour vous garder ici, trente fois plus que vous ne lui devez... Quand au mien, il peut me retenir... Dix mille francs!... ce n'est pas grand' chose;... mais c'est décent.

DUPRÉ.

Dix mille francs! dette de folie?

ERNEST.

Oh! non; dette de raison!... J'aimais une jeune veuve, belle, séduisante :... je voulais la captiver, et j'employai pour cela tous les moyens en mon pouvoir. Quand je m'aperçus que mes manières et mon esprit avaient commencé sa conquête, je pris, pour l'achever, une calèche, un tilbury, *et cætera.*

DUPRÉ.

Et cela a duré?

ERNEST.

Cela a duré... huit jours.

DUPRÉ.

Dix mille francs en huit jours !

ERNEST.

Il y avait un peu d'arriéré.

DUPRÉ.

Ah ça, mais vous aviez donc affaire à une coquette, puisqu'elle souffrait que pour lui plaire...

ERNEST.

Rendez-lui plus de justice, Monsieur ; elle ignorait mes folies : elle me croyait maître absolu d'une grande fortune.

DUPRÉ.

Et vous ne l'êtes pas, peut-être ?

ERNEST.

Non, pas précisément ; mais j'ai à Bordeaux un oncle d'une bonté extrême et d'une fortune immense, qui m'aime trop pour me laisser long-temps dans un appartement si peu digne de moi et de lui... Je suis bien sûr que dans moins de quinze jours...

DUPRÉ.

Vous irez recommencer le même genre de vie.

ERNEST.

Non, non ; je l'ai juré à mon oncle, et je tiendrai mon serment.

DUPRÉ.

Et cet oncle est sans doute un de ces Géronte de comédie, dont on peut se moquer impunément ?

ERNEST.

Je ne l'ai jamais vu ; mais si j'en juge par ses bontés pour moi et par toutes les actions de sa vie, c'est un homme bien respectable.

DUPRÉ, *à part.*

Allons, le cœur paraît bon. (*Haut.*) Je le crois bien, c'est un oncle qui paye ! Ne m'avez-vous pas dit qu'il était de Bordeaux ?

ERNEST.

Oui, Monsieur.

DUPRÉ.

Ils sont curieux à connaître ces oncles qui payent et qui

sont de Bordeaux !... Je croyais qu'il n'y avait que des Gascons dans ce pays-là.

ERNEST.

Mon oncle, Monsieur, est né en Bretagne.

DUPRÉ.

Oh ! c'est bien différent ! la Bretagne et le département de la Gironde, ça ne se ressemble pas !... et cet oncle si généreux, comment s'appelle-t-il ?

ERNEST.

Il s'appelle Dupré.

DUPRÉ.

Dupré !

ERNEST.

Oui, Monsieur.

DUPRÉ.

Un petit homme, gros et gras, qui demeure à côté de la Bourse.

ERNEST, *riant.*

Je n'y suis pas.

DUPRÉ.

Un armateur revenu d'Amérique depuis un an ?

ERNEST.

C'est cela même ;... est-ce que vous le connaissez ?

DUPRÉ.

Si je le connais ?... comme si... Pauvre jeune homme ! que je vous plains !

ERNEST, *vivement.*

Comment ! lui serait-il arrivé quelque malheur à ce cher oncle ?

DUPRÉ.

Rassurez-vous ; votre oncle se porte comme vous et moi : il est riche à millions, et cependant il ne vous fera pas sortir d'ici.

ERNEST.

Je le connais trop pour en douter.

DUPRÉ.

Je le connais au moins aussi-bien que vous, moi ; puisque c'est lui qui m'a fait donner ce logement.

ERNEST.

Lui! qu'entends-je?

DUPRÉ.

Oui, Monsieur, et depuis aujourd'hui je suis son locataire obligé.

ERNEST.

C'est impossible.

DUPRÉ.

Impossible! allez au greffe,... interrogez les pièces... Ah! vous comptiez sur votre oncle!... Mon jeune camarade, nous avons le temps de faire connaissance... M. Dupré, un homme dont on cite partout l'avarice, un ladre...

ERNEST.

Monsieur!...

DUPRÉ.

Un prêteur à la petite semaine!

ERNEST.

Monsieur!...

DUPRÉ.

Un...

ERNEST.

Insolent!

Air : *De Préville et Taconnet.*

Respectez un oncle que j'aime,
Et qui m'a comblé de bienfaits.

DUPRÉ.

Je le soutiens, sa rigueur est extrême,
Et l'on ne l'estima jamais. (*bis*)

ERNEST.

Ah! si j'écoutais ma colère,
Je punirais tant de mauvaise foi! (*bis*)

DUPRÉ, *à part.*

Ah! le bon cœur, l'excellent caractère! } (*bis*)
Il me battrait par amitié pour moi. }

ERNEST.

Vous êtes un vieux radoteur!

DUPRÉ, *à part.*

Il est charmant! (*haut.*) un vieux radoteur; moi!...

Monsieur,... Monsieur, vous m'insultez... et je veux en avoir raison !

ERNEST.

Quand vous voudrez, Monsieur.

DUPRÉ.

Vous êtes l'agresseur, et j'ai le choix des armes.

ERNEST.

Et où Monsieur me donnera-t-il rendez-vous ?

DUPRÉ.

Où ?... Au bois de Boulogne, Monsieur.

ERNEST, *gaiement.*

Au bois de Boulogne ? nous avons le temps d'y arriver, par exemple.

DUPRÉ, *à part.*

Je n'y tiens plus, moi. (*haut*) Soyez tranquille, Monsieur, nous y arriverons. (*à part.*) On dit qu'il y a de bons restaurateurs par-là.

ERNEST, *sérieusement.*

Monsieur, si nous n'étions pas l'un et l'autre prisonniers, vous ne me tiendriez pas un pareil langage... Au bois de Boulogne!... Vous savez bien que je suis ici pour dix mille francs.

DUPRÉ.

Dans une heure vous serez libre.

ERNEST.

Et comment, s'il vous plait ?

DUPRÉ.

J'acquitte vos dettes.

ERNEST, *à part.*

Celui-là est un peu fort, par exemple !

DUPRÉ.

Je vais déposer vos dix mille francs au greffe.

ERNEST, *souriant.*

Avec les intérêts ?

DUPRÉ.

Avec les intérêts et les frais de poursuites... Oh ! je fais les choses en règle, moi !

ERNEST, *d'un air moqueur.*

Bien reconnaissant. (*A part.*) Je vois ce que c'est; on le menait à Charenton, et l'on se sera trompé de maison en route.

DUPRÉ.

Ainsi donc, c'est bien entendu, Monsieur; à quatre heures et demie, à l'entrée du bois de Boulogne?

ERNEST, *à part.*

Et ce diable de guichetier qui a pris notre chambre pour un cabanon!

DUPRÉ.

Air : *Achetez des fleurs.* (Dans mes derniers Vingt sous.)

Vous avez du cœur
Et de l'honneur;
Bientôt j'espère
Faire,
D'un air doux,
Bien mieux connaissance avec vous!

ERNEST.

Quand Monsieur voudra.
(*A part.*) Je plains le pauvre homme!

DUPRÉ, *tirant son portefeuille.*

Justement j'ai là
Toute votre somme.

Ensemble.

ERNEST.

Nous avons du cœur
Et de l'honneur;
Bientôt j'espère
Faire,
D'un air doux,
Bien mieux connaissance avec vous!

DUPRÉ.

Vous avez du cœur
Et de l'honneur;
Bientôt j'espère
Faire,
D'un air doux,
Bien mieux connaissance avec vous!

(*Dupré sort.*)

SCÈNE VIII.

ERNEST, *seul.*

Payer mes dettes!... dix mille francs; et il est ici pour cent écus!.... Ou cet homme a perdu l'esprit, ou il veut me mystifier; on a pourtant vu quelquefois des aventures si extraordinaires!... Du reste j'ai fait mon devoir en prenant la défense de mon oncle, je le ferai encore en donnant à cet homme, s'il a toute sa raison, la satisfaction qu'il lui plaira d'exiger.

Air : *Des Amazones.*

Je voulais consacrer ma vie
Au doux objet de ma sincère ardeur;
Et j'avais juré qu'Amélie
Régnerait seule sur mon cœur.
Un tel serment ne me faisait pas peur!
Mais c'est en vain que l'amour me réclame,
Bien que l'amour soit assez de mon goût;
L'honneur reprend tous ses droits sur mon âme,
(*Riant.*)
Je suis Français, et l'honneur avant tout. (*bis*)

Ma foi, si ce Monsieur le veut absolument,... et qu'il me fasse réellement sortir d'ici, c'est un coup d'épée qui lui coûtera un peu cher : 10,000 fr.;.., j'en ai reçu quelquefois à meilleur marché... Voici Jules.

SCÈNE IX.

ERNEST, JULES.

JULES.

Ah! grâce au Ciel, notre compagnon d'infortune n'est pas là.

ERNEST.

Oh! mon cher ami, n'en dis pas de mal, je t'en prie; si tu savais,... ce digne homme....

JULES.

Eh bien!... (*entendant marcher.*) Encore ce guichetier.

SCÈNE X.

Les Mêmes, TROISTOURS.

TROISTOURS.

Monsieur Ernest !...

ERNEST.

Eh bien ! que voulez-vous encore ?

TROISTOURS.

Allons, allons, ne faites pas le méchant, parce que vous allez nous quitter... ça ne me change pas, votre départ... je suis....

ERNEST.

Mon départ ?

JULES.

Son départ !

TROISTOURS.

Quand vous voudrez sortir, mes clefs sont à votre service... Je suis poli, moi !... et c'est bien naturel... Vos dix mille francs sont déposés au bureau.

ERNEST.

Allons donc, vous voulez rire.

TROISTOURS.

Du tout, est-ce qu'un guichetier rit jamais ?... Tenez, votre vieux camarade de chambre m'a donné en passant un billet pour vous.

ERNEST.

Un billet, donnez vite. (*Il lit.*) « Monsieur, comme je » vous l'ai annoncé, j'ai mis au greffe les dix mille francs que » vous devez, vous êtes libre, et j'espère que vous serez » exact au rendez-vous d'honneur que je vous ai donné... »

JULES.

Un rendez-vous d'honneur ?

ERNEST.

Oui, au bois de Boulogne ! mais voyons. (*Lisant.*) « Au rendez-vous que je vous ai donné, à moins que vous » n'aimiez mieux me faire des excuses devant votre cousin, » et alors je reprendrai mon argent. »

JULES.

Que diable signifie tout cela ?

ERNEST.

Des excuses! des excuses!... il en attendra long-temps, des excuses! C'est un homme charmant! Eh bien! Jules, tu restes là immobile d'étonnement, tu ne devines donc pas?... Ce brave homme, notre compagnon d'infortune, prétend que je l'ai insulté; il veut que nous allions nous couper la gorge au bois de Boulogne; et pour cela il paye mes dettes.

JULES.

Il paye tes dettes!... (*Voulant sortir.*) Je vais lui chercher dispute. (*Ernest l'arrête.*)

TROISTOURS.

Si ce Monsieur continue, il va se faire ici pour cent mille francs d'affaires d'honneur.

ERNEST.

Mais, quelle réflexion!... Non, non, je ne puis accepter les offres de cet original; d'abord, je ne veux pas te quitter, et je ne puis devoir ma liberté à quelqu'un qui a osé insulter notre oncle en ma présence.

TROISTOURS, *à part.*

Je vois que ce sont des affaires de famille.

JULES.

Il a injurié notre oncle? Oh! comme je vais le traiter... Injurier notre oncle! le meilleur des hommes! Mon ami, tu ne peux pas faire autrement que de te battre avec cet homme-là, et comme il te faut un témoin, ça me regarde

ERNEST.

Jules! ne va pas faire quelque folie!.. tu as une si mauvaise tête... Je vais parler sérieusement à ce Monsieur, et, s'il persiste, si les fonds sont réellement déposés au greffe;... au bois de Boulogne!... à quatre heures et demie.

JULES, *gaiement.*

Précisément l'heure du dîner! je veux être de la partie.

TROISTOURS.

J'en voudrais bien être aussi, moi.

JULES.

Air : *Tâchez d'un sort contraire.* (Dans mes derniers Vingt sous.)

Encor cette équipée,
O plaisir plein d'attraits !
D'abord un coup d'épée,
Et le dîner après.
Ernest, nous dînerons après !

Ensemble.

Encor cette équipée, etc.

(*Ernest sort, Troistours le suit.*)

SCÈNE XI.

JULES, *seul.*

Ah ! ce Monsieur paye les dettes de ceux qui l'offensent, et il insulte notre oncle ! le frère de ma mère !... Parbleu nous allons voir ;... un seul mot sur le compte de ce vieillard respectable et... (*Il fait le geste de donner un soufflet.*) C'est ma méthode à moi ; et si jamais je me fais tuer en combat singulier, ce sera du moins pour quelque chose.

SCÈNE XII.

JULES, DUPRÉ.

DUPRÉ, *à part.*

Bon, voici l'autre. (*Haut.*) Eh bien ! Monsieur, vous allez donc rester seul, et votre cousin a fait encore des siennes.

JULES.

Qu'est-ce donc que des siennes, Monsieur ?... Apprenez que mon cousin est sage, très-sage, plus sage que moi.

DUPRÉ.

En vérité ? alors je vous en fais mon sincère compliment.

JULES, *croisant les bras.*

Parbleu, je suis bien aise de vous rencontrer :... c'est donc vous, Monsieur, qui insultez mon respectable parent, monsieur Dupré ?

DUPRÉ, *d'un air étonné.*

Moi, Monsieur?... pas du tout. (*A part.*) Est-ce que celui-ci va me chercher querelle aussi?

JULES.

Si j'en crois mon cousin, Monsieur, vous avez indignement calomnié le meilleur des hommes.

DUPRÉ, *à part.*

C'est qu'ils sont charmans en vérité... (*Haut.*) Monsieur, j'avoue que, dans un moment d'humeur, je me suis permis quelques propos inconsidérés contre monsieur votre oncle; mais... je cherchais monsieur votre cousin, ou vous, Monsieur, pour me rétracter.

JULES, *à part.*

Il prend bien son temps. (*Haut.*) Monsieur, ce n'est pas cela qu'on vous demande.

DUPRÉ.

Pardonnez-moi, Monsieur, pardonnez-moi, et je suis bien aise de vous faire savoir que je tiens monsieur Dupré pour un fort galant homme.

JULES, *à part.*

C'est une trahison, cela.

DUPRÉ.

Oui, Monsieur, je le tiens pour un fort galant homme, et je déclare, devant vous, que je ne pensais pas un mot de tout ce que j'ai dit sur son compte à monsieur votre cousin.

JULES, *à part.*

Ça me ruine, moi! comment lui chercher dispute à présent?

DUPRÉ.

Il faut même tout vous dire: je suis persuadé qu'il ne vous laissera pas long-temps en prison; vous surtout : car vous êtes plus excusable que monsieur Ernest :... le guichetier m'a raconté que votre cousin est amoureux d'une certaine veuve..

JULES, *vivement.*

Et de quoi se mêle-t-il le guichetier ?

DUPRÉ.

C'est par intérêt pour votre famille ; car, s'il faut en croire, toujours le guichetier,... cette femme qu'il aime...

JULES.

Injurier madame de Sénange ! (*A part.*) Bon ! voici mon affaire. (*Haut.*) Eh bien ! Monsieur, cette femme ?...

DUPRÉ.

N'est au fond qu'une franche coquette.

JULES.

Insolent !

DUPRÉ, *à part.*

Allons, c'est une gageure.

JULES.

Respectez la veuve d'un brave, mort au champ d'honneur.

Air : *De la Colonne.*

Pendant la paix un vaillant militaire
Lui donna son cœur et sa main :
A peine, hélas ! entré dans la carrière,
Un coup fatal termina son destin.
Consolons-la d'un trépas magnanime ;
Un cœur français ne saurait être ingrat...
Le titre seul de veuve d'un soldat
Lui vaut des droits à notre estime.

DUPRÉ.

Je ne dis pas le contraire, Monsieur ; mais cela n'empêche point que la belle...

JULES.

Vous mentez, Monsieur !

DUPRÉ.

Je mens ! je mens ! jeune homme, vous m'insultez !

JULES, *à part.*

Me voilà aussi sur la route du bois de Boulogne.

DUPRÉ.

Je mens! je mens! et vous croyez que cela va se passer ainsi.

JULES, *à part.*

J'espère bien que non.

SCÈNE XIII.

Les précédens, ERNEST.

ERNEST, *à Jules.*

Eh bien! eh bien! toi aussi, Jules!

JULES.

Un drôle!... qui s'avise de calomnier celle que tu aimes.

ERNEST.

Comment! Amélie?... Monsieur! Monsieur! à mon tour je suis l'offensé; je voulais refuser votre argent, mais je l'accepte, pour avoir une prompte satisfaction.

DUPRÉ.

Ah! vous l'acceptez! eh bien! j'en suis fâché, Monsieur; mais, d'après les procédés de votre cousin, je commence à croire que tout ceci était concerté entre vous deux, et, pour vous punir, vous ne sortirez... ni l'un, ni l'autre.

TOUS DEUX.

Heim!

DUPRÉ.

Air: *Inconstance et folie* (du Dragon).

Oui, tout ceci dérange,
Messieurs, votre dessein;
Vous resterez :... enfin
Il faut que je me venge!

ERNEST et JULES.

Il se venge
En vérité. (*bis*)
C'est un prisonnier bien étrange!
En vérité, (*bis*)
N'est-ce pas une indignité!

Ensemble.

DUPRÉ.

Oui, tout ceci dérange,
Messieurs, votre dessein;
Vous resterez!... enfin
Il faut que je me venge.

LES DEUX COUSINS.

Oui, ceci nous dérange,
En changeant son dessein;
Mais voyez donc soudain
Comme ce Monsieur change!

SCÈNE XIV.

Les précédens, TROISTOURS, *une lettre à la main.*

ERNEST.

Je suis d'une fureur!

TROISTOURS.

Voici qui va vous calmer, Monsieur; c'est une lettre de Bordeaux,... 36 sous de port, je suis poli.

DUPRÉ.

Trente six sous! comment le double?

TROISTOURS.

Oui, Monsieur, c'est le prix ici... Dans les prisons pour dette, tout est bien plus cher.

JULES, *au guichetier.*

Tenez, en voici quarante.

TROISTOURS, *prenant l'argent.*

Bon, c'est le compte.

JULES.

Elle est de notre oncle; quel bonheur!... Ah! j'étais bien sûr qu'il ne nous laisserait pas ici.

ERNEST *prend la lettre des mains de Jules.*

Voyons vite. (*Il lit.*) « Mes chers neveux, oh! le brave homme! (*Il lit.*)

« Mes chers neveux, vous êtes deux étourdis qui avez » besoin de quelque temps de retraite. (*Il regarde Jules.*) » J'ai pris des informations;... votre conduite est très-coupable et je ne pairai vos dettes que dans cinq ans ;... en » attendant, je vous ferai une petite pension à Ste.-Pélagie, » pays charmant, à ce que l'on dit, et où vous vous con» duirez, j'espère, en personnes raisonnables... Croyez » à mon amitié pour vous. »

Eh bien! Jules, qu'en dis-tu? un oncle qui semblait tant nous aimer.

JULES.

Et que nous croyons si bon, si généreux.

TROISTOURS.

Mais il me semble qu'il l'est assez comme cela;... vous faire une pension à Ste.-Pélagie pendant cinq ans :... oh! l'excellent homme! s'il était là je l'embrasserais de bon cœur! je suis poli, moi.

DUPRÉ.

J'étais bien sûr, moi, qu'il ne vous ferait pas sortir.

ERNEST, *avec noblesse.*

Quelle que soit son intention à notre égard, respectez-le, Monsieur, comme nous le respectons, et soyez bien convaincu que sa rigueur ne peut nous faire oublier ses premiers bienfaits.

DUPRÉ.

Tout comme il vous plaira, mais comme je suis las! Avec votre permission, Messieurs, je vais faire ma méridienne. (*Il se met dans le fauteuil.*)

JULES.

Il ne se gêne pas.

TROISTOURS.

Il a raison, il est chez lui... (*A Dupré.*) Bonsoir, Monsieur; dormez bien. (*Il sort.*)

SCÈNE XV.

Les mêmes, excepté TROISTOURS.

DUPRÉ, (*à part.*)

Faisons semblant de dormir pour mieux les écouter.

JULES, *qui a réfléchi un moment.*

Ernest, il me vient une idée ;... dans sa lettre, notre oncle paraît s'amuser de notre pénible situation ; or, je me dis : son cœur est trop bon pour se permettre de froides plaisanteries ; s'il voulait nous laisser ici, il nous donnerait quelques consolations, d'où je conclus qu'il n'a voulu que nous éprouver :... les oncles sont toujours comme ça.

DUPRÉ, *à part.*

Oh ! le coquin, comme il me connait bien !

ERNEST.

Oui, oui, ton idée est juste, très-juste, et j'espère encore.

SCÈNE XVI.

Les précédens, TROISTOURS.

TROISTOURS.

C'est encore moi, Messieurs ; cette jeune dame de ce matin est là qui désire parler à M. Ernest.

ERNEST.

C'est Amélie !

TROISTOURS.

Comme vous dites.

DUPRÉ, *à part.*

La petite veuve ;... bon !... je vais aussi la connaître. (*Il feint de dormir.*)

SCÈNE XVII.

Les mêmes, Mme. DE SÉNANGE.

Mme. DE SÉNANGE.

Me voici de retour, mes amis, et le cœur bien joyeux encore.

DUPRÉ, *à part.*

Elle est bien cette femme-là.

JULES.

Quel si grand bonheur?...

Mme. DE SÉNANGE.

Félicitez-moi ; d'abord, j'ai gagné mon procès.

JULES.

Oh! j'en étais sûr; vous êtes trop jolie pour en perdre jamais.

DUPRÉ, *à part.*

Il a raison.

Mme. DE SÉNANGE.

Et puis, mes amis... Jules, pardonnez, mais je voudrais d'abord apprendre à votre cousin une nouvelle plus importante encore...

ERNEST.

Je n'ai point de secret pour lui, Amélie.

Mme. DE SÉNANGE, *souriant.*

Oui; mais je puis en avoir, moi.

JULES, *riant.*

Je vous entends,.. entre amis il ne faut pas se gêner. (*A part.*) Je vais prendre l'air. (*Il sort.*)

SCÈNE XVIII.

DUPRÉ, ERNEST, AMÉLIE.

ERNEST, *courant après lui.*

Jules! Jules!... il est déjà loin, et cet homme encore...

(*Allant à Dupré.*) Monsieur! Monsieur! (*Il le secoue par le bras.*)

DUPRÉ, *faisant semblant de s'éveiller.*

Qui est là?

ERNEST.

De grâce, réveillez-vous; j'ai besoin d'être seul avec Madame.

DUPRÉ, *comme un homme à moitié endormi.*

Et moi j'ai besoin de dormir.

ERNEST, *en colère, pousse fortement le fauteuil, dont le dos se trouve alors en face des amans.*

Le sot!

DUPRÉ, *à part.*

Ce cher neveu! (*Il reste dans la position d'un homme qui dort.*)

M.me DE SÉNANGE.

Laissez, laissez ce brave homme, mon ami, il dort, et nous pouvons parler bas : ce que j'ai à vous dire, d'ailleurs, n'intéresse que vous.

ERNEST.

C'est qu'il est désolant d'être en prison comme sur la place publique.

Mme. DE SÉNANGE.

Écoutez-moi, mon cher Ernest, le temps presse; vous et votre cousin vous allez être libres.

ERNEST.

Libres! c'est toujours le même mot. Parlez, Amélie.

M.me DE SÉNANGE.

Mon cher Ernest, jurez-moi que vous approuverez ma conduite.

ERNEST, *avec inquiétude.*

Qu'avez-vous fait, Amélie?

M.me DE SÉNANGE.

Mon ami, ce petit héritage que la justice m'a rendu...

ERNEST.

Eh bien!

Mme. DE SÉNANGE.

Le banquier Durfort le convoitai depuis long-temps;

la petite maison de campagne surtout... Au sortir de l'audience, j'ai envoyé mon homme d'affaires terminer avec lui, à tout prix.

DUPRÉ, *à part et avec joie.*

Qu'entends-je!

ERNEST.

Ah! chère Amélie, qu'avez-vous fait!

M.me DE SÉNANGE.

Mon devoir, mon ami... A quoi servirait donc la fortune, si ce n'est à faire le bonheur?... Eh bien! mon bonheur est de vous voir libre;... dans un instant nous aurons tout ce qu'il faut pour rompre vos fers.

DUPRÉ, *à part.*

Excellente femme!

M.me DE SÉNANGE.

Mais j'exige, mon ami, que ce soit un secret pour tout le monde, pour votre cousin même : nous ferons croire que cela vient de votre oncle; sa richesse et sa bonté rendront cette action très-vraisemblable.

DUPRÉ, *à part.*

Je suis tout attendri.

ERNEST.

Ah! chère Amélie!... je veux, dans ma reconnaissance... (*Il veut lui baiser la main; puis songeant à Dupré, qui tousse.*) Mais cet homme, pourquoi se trouve-t-il là?... maudit voisin!...

M.me DE SÉNANGE.

De grâce, mon ami, laissez ce brave homme tranquille; il ne pense guère à nous.

Air : De Montano, arrangé par Blanchard.

Il dort, il dort!
De la prudence,
Du silence.
Il dort, il dort;
Modérez ce bruyant transport.

DUPRÉ, *à part.*

Elle est bonne autant que jolie;
Que je suis content d'être ici!

ERNEST, *cherchant à prendre un baiser.*

Puisqu'il sommeille, ô mon amie!
Pourquoi vous éloigner ainsi?
(Il la ramène.)
Qu'un doux baiser, mon Amélie,
En ce jour comble mon espoir.

AMÉLIE.

Finissez, je vous en supplie;
Ernest, ce Monsieur peut nous voir.

ERNEST, *doucement.*

Il dort.

Ensemble.

Il dort;
De la prudence,
Du silence.
Il dort, il dort;

ERNEST.	Cédez à	cet heureux transport.
Mme. DE SÉN.	Modérez	
DUPRÉ.	Moi j'aime	

(Ernest l'embrasse, Dupré tousse; ils s'éloignent l'un de l'autre.)

DUPRÉ, *riant, à part.*

Je ris vraiment de sa colère;
Les oncles sont bien malheureux:
Il ne sont, hélas! sur la terre
Que pour gêner les amoureux.

ERNEST.

Cette contrainte est trop cruelle!
Quand je vais être votre époux,
De vous être toujours fidèle,
J'allais jurer à vos genoux.

Mme. DE SÉNANGE, *se rapprochant.*

Vraiment, Ernest? *(Regardant Dupré.)*
Il dort.

Ensemble.

Il dort;
De la prudence, etc.

(Pendant cette dernière reprise, Dupré s'est levé du fauteuil et s'est esquivé. Ernest est aux pieds de madame de Sénange et lui baise la main.)

Mme DE SÉNANGE.

Mais ce Monsieur, ce Monsieur, Ernest!

ERNEST.

Ma foi, tant pis pour lui, et puisqu'il dort je... (*Se retournant.*) Eh bien! qu'est-il donc devenu?... Ah ça! mais c'est donc un sorcier que cet homme-là?

SCÈNE XIX.

Les mêmes, JULES.

JULES.

Allons, encore un incident malencontreux, je parie!... L'homme d'affaires de Madame est là au corridor; il veut lui parler absolument... J'ai cru d'abord qu'il apportait de l'argent, tant il avait l'air joyeux!... Je l'ai interrogé; il m'a dit que le banquier n'en voulait plus.

Mme DE SÉNANGE.

Ciel!

JULES.

De quoi ne veut-il plus? lui ai-je demandé. — Monsieur n'est donc pas instruit? m'a-t-il répondu: il faut alors que je parle à Madame... Je viens vous demander le mot de cette énigme. (*Ernest et madame de Sénange sont consternés; cette dernière est restée accablée sur une chaise.*) Eh bien! quoi?... qu'avez-vous donc?... comme vous voilà atterrés!... Nous ressemblons tous les trois à une scène de mélodrame: Ernest est le chevalier prisonnier et sensible;... moi, je suis le confident;... Madame, la femme... malheureuse et persécutée; le geôlier qui s'avance est le tyran qui dissimule sa politesse: il ne manque plus ici que le libérateur.

SCÈNE XX et dernière.

Les mêmes, TROISTOURS *accourant*, ensuite DUPRÉ; *il a l'uniforme de la marine marchande.*

TROISTOURS.

Le voilà! le voilà!

JULES, *stupéfait.*

Qui? le libérateur!

TROISTOURS.

Eh! oui, vraiment; car c'est votre oncle!

TOUS LES AUTRES.

Notre oncle! (*Dupré entre.*) Ciel!... notre compagnon d'infortune! (*Ils courent l'embrasser.*)

DUPRÉ.

Air : *Quelle douce et touchante ivresse.*

Oui, c'est moi; quel moment prospère!
Et pour mon cœur quel doux transport!
En moi vous retrouvez un père;
Ce jour changera votre sort.

ERNEST, JULES, Mme. DE SÉNANGE.

Ensemble.

Oui, { c'est vous, / c'est lui, } quel moment prospère!
Et pour { nos / vos } cœurs quel doux transport.
En { vous nous retrouvons / lui vous retrouvez } un père;
Ce jour va changer { notre / votre } sort.

DUPRÉ.

Oui, c'est moi; quel moment prospère! etc.

ERNEST.

Comment, mon oncle, c'était vous?

JULES.

Comment c'était vous? et moi qui... (*Le geste du soufflet.*) Voyez pourtant à quoi les parens nous exposent!

DUPRÉ.

Quant à vous, Madame, j'ai tout entendu... J'ai tout vu, et c'est assez vous dire que vous êtes ma nièce, ma bonne, mon excellente nièce!... il me semble que je vous connais depuis dix ans... Ernest, tu seras heureux dans ton ménage; c'est moi qui te le prédis, et je voudrais bien que, pour corriger cet étourdi de Jules, il se trouvât encore quelque veuve de militaire en disponibilité... Jules, il faudra que je te cherche cela...

Merci, mon cher oncle, je chercherai bien moi-même; je trouverai ça, je connais les endroits... Mais j'y songe, M. Troistours, vous étiez donc du complot?

TROISTOURS.

Oui, moyennant deux cents francs... Je suis poli, moi!... et voilà... la monnaie... Vous pouvez vous vanter d'être de fameux prisonniers!

JULES.

Cher oncle, et notre rendez-vous au bois de Boulogne?

DUPRÉ, *tirant sa montre.*

Je n'en aurai pas le démenti;... quatre heures précises; ma berline est là : dans une heure nous sommes à table... Partons, partons, mes amis; quittons ce triste séjour : j'aime à croire que vous n'y reviendrez jamais.

JULES.

Oh! il n'y a pas de risque. (*A Troistours.*) Au revoir, guichetier.

TROISTOURS.

Ne soyez pas long-temps, Monsieur.

Air : *Vaudeville de la Petite Sœur.*

JULES.

On doit, on ne peut pas payer,
Tout à coup on prend une femme;
Dès ce moment pour créancier
Il ne vous reste que la dame :
Et comme ces liens chéris
Sont la prison la plus complète,
Il s'ensuit que bien des maris
Sont de vrais prisonniers pour dette.

ERNEST.

Nous devons au Prince, à l'État,
Un zèle ardent, un amour tendre,
Et quand vient l'âge du combat,
Un bras français pour les défendre.
Chacun s'empresse de payer;
Et la croix qui, dans la retraite,
Brille sur le sein du guerrier,
Est la quittance de sa dette.

TROISTOURS.

Les procureurs et les huissiers
Sont une race bien gentille ;
Comme ils vous enflent les dossiers
Pour ruiner une famille !
Lorsque l'on est dans leurs filets,
Votre affaire est bien vite faite ;...
Ils vous font tant payer de frais
Qu'on ne peut plus payer sa dette.

DUPRÉ.

Du laboureur que l'humble champ
Périsse par l'onde en furie,
Ou que l'asile du marchand
Soit ravagé par l'incendie ;
Princes, sujets, avec ardeur,
Accourent d'une âme inquiète ;...
Chez nous de tout temps au malheur
L'humanité paya sa dette.

Mme. DE SÉNANGE, *au public.*

Messieurs, c'est avec de l'esprit
Qu'on achète votre indulgence ;
Vous nous faites souvent crédit :
Notre dette devient immense.
Prenez-en à compte ce soir
Cette pièce quoiqu'imparfaite,
Et revenez demain nous voir,
Nous acquitterons notre dette.

FIN.

IMPRIMERIE DE SÉTIER,
Cour des Fontaines, n.° 7, à Paris.

PIÈCES DE M. E. THÉAULON,

JOUÉES AUX VARIÉTÉS,

QUI SE TROUVENT CHEZ LES MÊMES LIBRAIRES.

www.ingramcontent.com/pod-product-compliance
Ingram Content Group UK Ltd.
Pitfield, Milton Keynes, MK11 3LW, UK
UKHW022147170726
13837UKWH00004B/1844

9 782329 238906